EXTRAIT

DU

MONITEUR;

Du 29 vendémiaire, an 8.

Le nom du respectable ANGRAN-D'ALLERAY, ancien Lieutenant civil à Paris, assassiné par le tribunal révolutionnaire, rappelle toutes les idées qu'on attache au plus intègre, au plus courageux Magistrat, au plus utile Citoyen.... Il avait pour noble habitude, pour délassement digne de lui, l'usage de visiter les prisons, d'y porter des secours, et l'espérance aux malheureux; de recueillir leurs plaintes contre leurs gardiens, et d'empêcher par la crainte de ces visites soudaines les vexations obscures, pires que l'esclavage, et les mauvais traitemens trop souvent infligés aux prisonniers.

On vit plus d'une fois ANGRAN-D'ALLERAY, par respect pour les lois dont il était l'organe, céder à l'apparente légitimité d'un titre extorqué par la fraude, condamner le débiteur insolvable au payement de ce qu'il ne devait point, et de la main qui signait forcément la sentence d'exécution, porter à l'infortuné la somme qu'il allait être contraint de payer.

C'est un trait de la vie de cet homme estimable et regretté, que l'Auteur a saisi, et adapté à la scène.

ALEXIS, *dans les bras de Damis, qui le tourne ensuite vers sa mère.*

    Mon oncle !... Ah ! grand merci, maman !

ARAMINTE, *serrant son fils avec force contre son cœur.*

Alexis !... Alexis !...

     DAMIS.

     Hé !... l'y voilà.... charmant !...
Nous l'avons manqué belle, avec tant de manœuvres.
Où sont-ils, à propos ? où sont ces deux couleuvres ?
Ils ont fui ? c'est très-bien : de leurs pareils et d'eux,
Tout, jusques-à la honte, est d'un aspect hideux.
Mais, chut, mes bons amis. La tempête calmée,
Le matelot l'oublie ; et, d'une ame charmée,
Au souffle d'un vent frais, il voit rire les flots.
Laissons-là le passé, les méchans, leurs complots ;
Et voyons maintenant ce qui nous reste à faire.
Ariste, la campagne est votre grande affaire ;
Partez donc dès demain : arrivé dans trois jours,
Jetez-moi là votre ancre, et restez y toujours.
Quand ma sœur voudra voir....

   ARAMINTE, *se levant.*

     Non, je suis du voyage.
Je reste avec mon fils ; j'y resterai.

     DAMIS.

      Très-sage.

     ALEXIS.

Maman vient ! quel plaisir !

    DAMIS, *à sa sœur.*

     Eh bien ! quelle douceur !
Allons, prends-moi le bras, ma pauvre bonne sœur !
Il est encore pour nous plus d'un bien délectable.
Mais il est déjà tard, allons nous mettre à table :
 (*A Alexis.*)
A manger d'appétit soyons très-diligens,
Et trinquons au bonheur, comme les bonnes gens.

     FIN.

LE
JUGE BIENFAISANT,

COMÉDIE

EN TROIS ACTES ET EN PROSE.

PAR A. M. J. CH.-PUYSÉGUR.

Représentée pour la première fois, à Paris, sur le Théâtre du Marais, par les Artistes Sociétaires de l'Odéon, le 22 vendémiaire, an 8.

A SOISSONS,
Chez COURTOIS, Imprimeur-Libraire.
A PARIS,
Chez DÉSENNE, Libraire, Palais de l'Égalité.

AN VIII DE LA RÉPUBLIQUE FRANÇAISE.

ACTEURS.

Me DORSAN, V.^e d'un Négociant.	*Desrosiers.*
ERMANCE, sa Fille.	*Beffroy.*
NORTON, Gouvernante d'Ermance.	*Molé.*
CELICOURT, Amant d'Ermance.	*Barbier.*
DANGREMONT, Juge du Tribunal.	*Dégligny.*
BELROC, Homme de loi.	*Varenne.*
MATAR, Geolier.	*Vigny.*
AMBROISE, Porte-clefs.	*Picard.*
GERVAIS, Associé de Belroc.	*Marsy.*
UN HUISSIER.	*Valville.*
RECORS et GENDARMES.	

La Scène est à Paris. Le premier Acte se passe dans l'appartement de Me Dorsan. La Scène exige deux sorties. L'escalier dérobé à gauche des Acteurs.

Il doit y avoir peu de meubles, tous fort simples, indiquant la médiocrité de fortune; un encrier, plume et papier sur la table, &c. A gauche, id.

LE JUGE BIENFAISANT,

COMÉDIE EN TROIS ACTES.

ACTE PREMIER.

SCÈNE PREMIÈRE.

CELICOURT, ERMANCE, travaille à une broderie, à droite.

CELICOURT.
(appuyé d'une main sur le dos de la chaise.)

Vous ne levez pas les yeux de dessus votre broderie.

ERMANCE.

Je veux qu'elle soit finie ce soir ; vous en savez la raison.

CELICOURT.

Ah ! ouï, c'est pour après-demain.

ERMANCE.

Croyez-vous donc que j'y pense moins que vous ?

CELICOURT.

Mais parlons-en donc, c'est déjà jouir que de s'occuper de ses espérances.

A 3

ERMANCE.

Vous n'avez plus le projet de m'éloigner de maman?

CELICOURT.

Non, non, tranquillisez-vous; j'ai enfin déterminé mon oncle à lui sacrifier le plaisir qu'il se promettait de vivre auprès de vous; cela lui a bien coûté.

ERMANCE.

Nous le verrons souvent, notre maison sera la sienne; je sens que mon cœur, au milieu de vous trois, n'aura besoin d'aucune autre jouissance.

CELICOURT.

Joignez-y la bonne Northon, car je la regarde aussi comme de la famille.

ERMANCE.

Vous savez le plaisir que vous me faites en la traitant ainsi.

CELICOURT.

C'est qu'elle le mérite.

ERMANCE.

Vous l'aimerez beaucoup, soyez-en sûr.

CELICOURT.

Je l'aime déjà, l'excellente femme!

ERMANCE.

C'est une ame si aimante, si attachée.

CELICOURT.

Et d'une gaieté si franche avec cela;... témoignage certain d'une conscience pure et sans reproche.

ERMANCE.

Ah! maman sans elle eût succombé, j'en suis sûre, à tous ses malheurs; mais je l'entends.

SCÈNE II.

NORTHON, CELICOURT, ERMANCE.

M.ᵉ NORTHON *apportant un cabaret de café.*

Madame, venez dans la salle, j'y porte votre déjeûné.

CELICOURT.

Ah ! madame Northon, nous parlions de vous.

NORTHON.

Et vous en disiez du mal, peut-être.

ERMANCE.

Tu ne m'en soupçonne pas, ma bonne.

NORTHON *posant le déjeûné sur une table.*

Oh ! non sans doute, mais au bout du compte, on n'est pas parfait ; j'ai mes défauts comme un autre, et Monsieur Celicourt pourrait bien quelquefois...

CELICOURT.

Vous n'avez pas écouté à la porte, M.ᵉ Northon.

NORTHON.

Fi donc, il n'y a jamais que ceux qui ont de mauvaises intentions à se reprocher, qui soient comme ça curieux de savoir ce que l'on dit d'eux. Je puis pécher comme un autre, encore une fois ; mais comme je n'ai jamais de mauvais desseins, je suis toujours sans méfiance sur le jugement des autres.

CELICOURT.

Le mien vous est bien favorable.

ERMANCE.

C'est un ami de plus que tu vas avoir, ma bonne.

NORTHON.

Vraiment j'y compte. Je voudrais bien voir que

le mari de ma chère Ermance ne m'aimât pas; cela serait mauvais signe.

CELICOURT.

Cela n'arrivera pas, soyez tranquille.

NORTHON.

Et je le suis aussi. Tenez, ou je ne me connais pas en homme, (et certes on ne peut me faire ce reproche là) ou je serais bien trompée, si vous ne rendez pas ma chère Ermance la plus heureuse des femmes; aussi je vous le dis franchement, je vous aime déjà.... Tenez.... Vous êtes la......

CELICOURT.

Embrassez-moi, madame Northon.

NORTHON.

Ah, de bon cœur!

ERMANCE.

Ma bonne, je serai jalouse.

NORTHON.

Et autrefois, Mlle, ne croyez pas plaisanter; mais un jeune homme ne m'eût peut-être pas vue avec indifférence.

CELICOURT.

Il n'y a pas d'autre fois, bonne Northon.

NORTHON à *Ermance*.

Oh! je m'entends bien, allez...Allons, quittez donc votre ouvrage pour déjeûner avec votre maman, mais sur-tout qu'elle vous voye gaie; et secondez-moi bien pour la dissiper, car elle est ce matin dans un abattement.

ERMANCE *se lève*.

Quoi, ma bonne?

CELICOURT.

Qu'a-t-elle donc?

NORTHON.

Eh! c'est toujours au sujet de votre intrigant.

CELICOURT.

De Belroc?

NORTHON.

Et ouï, de Belroc; en vérité, M.ᵉ Celicourt, quand je pense que vous avez été clerc avec cet homme là, près de deux ans, chez le même notaire, non je ne conçois pas comment vous avez pu vous conserver aussi pur et aussi honnête.

CELICOURT.

Il paraissait l'être dans ce tems-là, M.ᵉ Northon; mais n'ayant jamais pris d'état, le métier qu'il fait à-présent....

NORTHON.

Ah! ouï, tous ces faiseurs d'affaires là se ressemblent; il n'y a pas à s'y fier.

CELICOURT.

Il sera démasqué; un tel homme n'est point à craindre.

NORTHON.

Vraiment, je ne le crains pas non plus; mais les méchans ne s'embarrassent guère s'ils réussissent ou non dans leurs projets, pourvu qu'ils vous tourmentent; c'est assez, ils sont contens.

ERMANCE.

Quoi, cet homme nous persécuterait encore?

CELICOURT *vivement*.

Je ne lui conseille pas de venir renouveler ses prétentions; non, non, qu'il ne s'y joue pas.

NORTHON.

Moi qui sais ce qu'il en est, qui ai aidé à porter l'argent moi-même chez lui, et dont il a donné quittance, j'en suis bien sûre.

CELICOURT à *Ermance.*

De quelle quittance veut-elle donc parler ?

ERMANCE.

C'est une horreur que je ne puis croire.

NORTHON.

Ah ! vraiment, Mlle, il y en a plus de quatre qui se sont enrichis comme lui ; mais toutes ces fortunes mal acquises finissent mal, c'est moi qui vous le dis ; et Mons Belroc ne roulera pas carosse avec nos quarante mille francs, ou je ne m'appelle pas Me Northon, entendez-vous ? Mais chut, voici votre maman.

SCÈNE III.

Me DORSAN, ERMANCE, CELICOURT, NORTHON.

ERMANCE.

Bon jour, maman, nous vous attendons pour déjeûner.

Me DORSAN, *embrassant Ermance, dit :*

Bon jour, Celicourt.

Me NORTHON.

Venez vite, M.^e, le café n'est déjà pas trop chaud ; ne le laissez pas refroidir davantage.

ERMANCE.

Venez voir mon ouvrage, maman, il est bientôt fini.

NORTHON.

Il ne s'agit pas d'ouvrage à-présent ; venez déjeûner, M.lle ; chaque chose a son tems.

M.e DORSAN.

Déjeûnez, mes enfans, pour ne pas désobliger Northon.

CELICOURT.

Ah! M.e, pouvons-nous ne pas partager vos peines?

NORTHON.

Eh bien! vous ne venez donc pas? Quel dommage! j'avais pu deviner cela.

ERMANCE.

Tu peux remporter ton déjeûné, Northon.

NORTHON *revenant*.

Mais encore une fois, M.e, vous avez tort de vous mettre ces inquiétudes là dans la tête ; vous ne pouvez pas payer deux fois la même chose, peut-être.

M.e DORSAN.

Laisse-nous un moment.

NORTON.

Ah! Quel triomphe pour ce vilain Belroc, s'il vous oyait ainsi vous tourmenter de ses méchancetés! est-là tout ce qu'il demande.... Ah! j'aurais plus de cœur que cela, à votre place, et je lui ferais bien voir que je me mocque de lui et de ses menaces.

CELICOURT.

Allez, M.e Northon, emportez tout cela ; nous déjeûnerons plus tard.

NORTHON.

Eh bien soit! je vais l'emporter ; mais regardez

donc quelle bonne mine cela a....

(*Celicourt prend et lui donne le cabaret.*)

Eh bien! allons, allons, je vais le mettre auprès du feu en attendant; (*Tenant le cabaret*) mais qu'il ne vienne pas ici ce matin toujours, car tenez... je ne répondrais pas de moi. *Elle sort en murmurant.*

SCÈNE IV.
ERMANCE, M.ᵉ DORSAN, CELICOURT.

M.ᵉ DORSAN.
Il ne m'est plus possible de vous cacher le sujet de mes peines, mes enfans;.... apprêtez-vous à un évènement cruel.

CELICOURT.
Mais il est peut-être des ressources, et vous vous exagerez.....

M.ᵉ DORSAN, *tirant un papier.*
Non, mon ami, tenez, lisez ce papier.

CELICOURT, *après l'avoir lu.*
Quoi! se pourrait-il? En prison!

M.ᵉ DORSAN.
Aujourd'hui même.

ERMANCE *à sa mère.*
Nous vous y suivrons, j'espère.

CELICOURT.
Mais cela n'est pas possible, Madame, et toujours il est des délais.

M.ᵉ DORSAN.
Ils sont tous expirés. Certaine, comme je l'étais, d'être quitte avec Belroc, du vivant de mon mari, j'ai fait faire toutes les perquisitions possibles pour

couvrir sa quittance; par une négligence impardonnable, ou plutôt nous fiant à sa bonne foi, nous avions laissé maître de brûler le billet qui lui sert de titre aujourd'hui contre moi. J'aurais voulu, mes [a]mans, vous cacher mes alarmes, et ne vous en parler qu'après qu'elles eussent été dissipées; mais toutes [c]es démarches ont été infructueuses: ni sa quittance, ni les livres de commerce de mon mari ne se retrouvent; vous voyez aujourd'hui le sort qui m'attend.

CELICOURT.

Ces livres de commerce dont vous parlez, le scélérat les a enlevés sans doute; peut-être les a-t-il [en]core chez lui... Ah! que ne m'en avez-vous parlé [plu]tôt, j'eusse fait toutes les recherches possibles. J'ai [des] amis, ils eussent agi de leur côté, et fait con[tre] la noirceur de cet homme abominable.

Me DORSAN.

Toutes les personnes instruites de ma position me [ren]dent justice; mais le billet de mon mari, signé [de] moi, parle seul aux yeux des juges; et rien ne [pe]ut en balancer l'effet.

CELICOURT *vivement*.

[L]e monstre! Ah! que n'ai-je su plutôt ses abominables [des]seins!... Il vous eût rendu ce billet, je vous le [jur]e, il vous l'eût rendu.... Oui, oui, je le lui [aur]ais bien fait rendre de force.

Me DORSAN.

[V]oilà ce que je craignais, Celicourt; et vos em[por]temens contre lui mal interprétés eussent encore [tour]né défavorablement contre nous.

CELICOURT.

[Q]uoi! lorsque la fraude d'un homme est aussi avé[rée], les lois ne seraient point en votre faveur?

M.ᵉ DORSAN.

Les lois ne prononcent que sur des preuves, et Belroc a l'avantage sur nous de ce côté.

CELICOURT.

Non, je ne puis penser sans frémir à vous voir ainsi arrêtée; cette idée est affreuse. Ah! ma chère Ermance, qu'allez-vous devenir?

ERMANCE.

Pourrais-je au moins vous suivre, maman?

M.ᵉ DORSAN.

J'espère que l'on ne me refusera pas cette douceur.

ERMANCE *à Celicourt.*

Si cela est, ne plaignez pas mon sort, Celicourt, ne pensez qu'à maman, et aux moyens de lui être utile.

SCÈNE V.

NORTHON et les Précédens.

NORTHON *accourant.*

Monsieur Celicourt, Monsieur Celicourt.

M.ᵉ DORSAN.

Qu'avez-vous, Northon? vous paraissez bien effrayée.

NORTHON.

C'est M.ʳ Celicourt que je demande, Madame, cela ne vous regarde pas.

(*Elle prend Celicourt par le bras pour l'emmener.*)

CELICOURT.

Qu'y a-t-il donc? je vous suis.

M.ᵉ DORSAN *l'arrêtant.*

Non, non, restez, et que Northon s'explique.

NORTHON.

Vous ne le saurez pas, vous êtes trop bonne, vous.

Me DORSAN.

D'où vous vient cet effroi ?

NORTHON.

De l'effroi ! Ah, je n'en ai pas ! Les coquins ne m'en imposent pas. Je ne suis qu'une femme malheureusement. Ah ! si j'en avais eu la force, il ne serait pas venu jusque dans la salle d'à-côté ; mais il ne peut entrer ici, j'ai tourné la clef en dedans. (*A Celicourt.*) Venez, venez vîte, vous dis-je.

CELICOURT. (*Il veut sortir.*)

Belroc est ici,....le monstre !

Me DORSAN.

Arrêtez, Celicourt, au nom de tous les sentimens que ma fille et moi pouvons vous inspirer.

NORTHON.

Mais laissez-le donc aller, Madame, laissez-le donc... Ecoutez, écoutez comme il piétine de l'autre côté. (*A lui.*) Tu as beau faire, vas ; j'ai la clef, tu n'entreras pas.

ERMANCE.

Comment cet homme a-t-il la cruauté de venir ici ?

Me DORSAN.

Celicourt, j'exige de vous que vous sortiez à l'heure même.

CELICOURT.

Vous allez recevoir Belroc ?

Me DORSAN.

Oui, je vais le recevoir ; et je ne veux pas que vous soyez présent....Descendez par l'autre escalier, je vous le demande en grâce.

NORTHON.

Ah ! que n'est-ce là la clef d'un bon cachot!

CELICOURT.

Quoi ! quand d'un seul mot je puis le faire trembler!

M.e DORSAN.

Vous pouvez m'être plus utile en voyant mes juges, en faisant de nouvelles recherches de papiers, qui suppléent à cette quittance perdue. Enfin, Celicourt, faites ce que j'exige de vous, ou vous me causeriez la plus sensible peine.

CELICOURT.

Non, je ne puis consentir.....

ERMANCE *va à Celicourt.*

Obéissez à maman, Celicourt. Je me joins à elle pour vous en prier.... Venez....

NORTHON.

Je me doutais bien de cela. Voilà comme on fait toujours. S'il vous tenait lui, il ne vous relâcherait pas.

M.e DORSAN.

Ouvrez cette porte, Northon.

CELICOURT.

Je veux au moins......

ERMANCE *emmenant Celicourt.*

Sortez, vous dis-je, ou je ne vous reverrai plus)
(*Il sort.*)

SCÈNE VI.

BELROC, M.e DORSAN, ERMANCE, NORTHON.

NORTHON, (*Lui ouvrant la porte.*)

Allons, entrez donc, puisqu'on le veut absolument. Mais ne m'en ayez pas d'obligation, toujours.

D'où

BELROC.

D'où vient donc tant d'agitation, Mesdames?

NORTHON.

Voyez cet air doucereux; ne dirait-on pas le meilleur homme du monde?

BELROC *avec un air suffisant et léger.*

Loin de vous effrayer, je viens vous apporter des paroles de consolation.

Me DORSAN.

Croyez que c'est sans ma participation que Northon a retiré cette clef.

NORTHON.

Oh, mon dieu! j'en prends bien le péché sur mon compte; et ne me le reproche pas.

BELROC.

Si vous vouliez m'entendre, vous verriez qu'il ne tient qu'à vous d'être parfaitement tranquilles.

(*A part.*) NORTHON.

Aurait-t-il quelques remords de conscience? hon...

BELROC.

Et Me Northon ne m'en voudra plus..., j'en suis sûr.

NORTHON *avec vivacité.*

Ah! vous n'avez qu'à remettre à Madame sur le champ la quittance que vous avez escamotée, et j'oublierai bien vite que vous êtes un.....

Me DORSAN *sévèrement.*

Northon!

BELROC.

J'excuse son zèle.

NORTHON.

Non, c'est que je suis si sûre que l'argent lui a été porté.

BELROC.

Il faudrait que nous fussions seuls.

ERMANCE.

Je me retire.

BELROC.

Demeurez, belle Ermance; il suffit que Me Northon...

NORTHON.

Ah vraiment ! je me doutais bien qu'il n'y avait que moi de trop ici.

Me DORSAN.

Sors un moment, Northon.

NORTHON.

Ah ! comme ces gens là savent endormir leur monde; ne vous y laissez pas prendre, Madame.

(*Elle sort avec répugnance.*)

SCÈNE VII.

Me DORSAN, BELROC, ERMANCE.

BELROC.

Vous connaissez votre position, Madame.

Me DORSAN.

Elle est bien cruelle, et bien inattendue.

BELROC *avec une légéreté impertinente.*

J'eusse désiré vous éviter ce malheur; mais des engagemens qu'il me faut moi-même remplir, ne me permettent pas de plus longs délais.

Me DORSAN.

Quoi ! vous persistez dans votre projet; et vous venez ajouter par votre présence à toute sa perfidie.

BELROC.

Mais je ne sais ce que vous voulez dire; en vérité, moi, je viens vous proposer un accommodement.

M.e DORSAN.

En peut-il exister entre nous?

ERMANCE.

Ecoutons-le, maman; ce qu'il va proposer, peut-être est convenable.

M.e DORSAN.

Ma fille, redoute de l'entendre.

BELROC à *Ermance.*

Vous y pouvez contribuer plus que personne, charmante Ermance.

M.e DORSAN.

Cessez, je vous prie, un entretien qui ne peut qu'ajouter à l'horreur de ma situation. Je subirai mon sort tel affreux qu'il puisse être; mais ne l'aggravez pas par votre présence; et retirez-vous.

BELROC *d'un air affecté et tranquille.*

Il est inconcevable, en vérité, de se tourmenter de la sorte, lorsque d'un seul mot on peut s'entendre et s'accorder. (*A Ermance.*) Un petit sacrifice....

ERMANCE.

Ah! pour tirer maman de peine, il n'en est point que je ne puisse faire.

BELROC.

Que le cher Célicourt.....

M.e DORSAN.

(*Eloignant sa fille, et se mettant entre eux.*)

Arrêtez; n'achevez pas.... Et vous pourriez mettre ce prix à ma liberté!

BELROC.

Mes vues sont honnêtes; et votre sort dépend de vous.

M.ᵉ DORSAN.

Eh bien ! homme abominable, poursuis tes horribles projets ; ne crois pas me subjuguer par la terreur. Non, la nature me donne des forces contre toi. Ma fille aime Célicourt, et l'aimera toujours. Que ta haine contre moi s'en augmente encore, s'il est possible; mais ne l'aimât-elle point, j'aimerais encore mieux languir avec elle dans le fond d'un cachot, que de sacrifier son bonheur à ma tranquillité, en l'unissant à un monstre tel que toi.

BELROC.

Faites vos réflexions; il est encore tems.

M.ᵉ DORSAN.

Tout est réfléchi. Sortez d'ici, vous dis-je, sortez.

BELROC.

Eh bien oui, je sors; mais vous vous repentirez de vos refus et de vos dédains. La prison seule ne suffira point à ma vengeance. Par-tout je vous poursuivrai vous et votre fille ; et vous payerez cher l'une et l'autre le mépris que vous faites aujourd'hui de mes feux. Dès ce moment je vous voue une haine éternelle, et vous en ressentirez les effets.... Adieu.

SCÈNE VIII.

M.ᵉ DORSAN, ERMANCE.

ERMANCE.

Ah ciel !

M.ᵉ DORSAN.

Armons-nous de courage, ma fille. La résignation de l'innocence est le premier supplice des méchans.

SCÈNE IX.

NORTHON, M.ᵉ DORSAN, ERMANCE.

NORTHON.

Madame, quelqu'un demande à vous parler.

M.ᵉ DORSAN.

Qui donc?

NORTHON.

Je ne sais; c'est un inconnu.

ERMANCE *avec effroi.*

Un inconnu!

NORTHON.

Son air, son maintien inspirent le respect et la nfiance; et il est là....

M.ᵉ DORSAN.

Fais entrer.

SCÈNE X.

ORTHON, M.ᵉ DORSAN, DANGREMONT, ERMANCE.

NORTHON.

Venez, venez; vous allez bientôt juger par vous-ême de la vérité de tout ce que je vous ai dit.

M.ᵉ DORSAN.

Donnez un siège, Northon.

DANGREMONT.

Il n'est pas nécessaire.

M.ᵉ DORSAN.

ui peut me procurer l'honneur de votre visite?

DANGREMONT.
L'intérêt qu'inspire le malheur.

NORTHON.
Il sait tout, Madame, il sait tout. Je lui ai tout conté. Ah quel bon cœur que cet homme là! Il voulait me cacher ses larmes, mais je les ai bien vu rouler dans ses yeux.

DANGREMONT.
Votre position est en effet bien cruelle.

Me DORSAN.
L'intérêt que vous y prenez, en adoucit beaucoup l'amertume.

DANGREMONT.
Mademoiselle est votre fille?

NORTHON.
Oui, c'est sa fille, Mlle Ermance, et un ange, vous en réponds. Ce n'est pas parce que je l'ai élevée; mais je puis bien vous assurer que son ame aussi honnête que celle de sa mère.

DANGREMONT *regardant la chambre*.
Je juge aisément que la somme que l'on vous demande est au-dessus de vos moyens.

Me DORSAN *avec peine*.
Quarante mille francs!

NORTHON.
Qui ont déjà été payés, encore une fois, j'en suis bien sûre.

Me DORSAN.
Dont dix exigibles aujourd'hui.

DANGREMONT.
Et votre créancier est un nommé Belroc, m'a-t-on dit

M.e DORSAN *étonnée.*

Vous le connaissez?

DANGREMONT.

Non pas personnellement; mais j'ai eu occasion d'en entendre parler.

NORTHON.

En ce cas, vous savez donc que c'est le plus mauvais sujet qu'il y ait au monde.

M.e DORSAN *l'arrêtant.*

Northon, modère-toi.

DANGREMONT.

Eh quoi! vous n'avez pas un ami à qui vous puissiez vous adresser?

M.e DORSAN.

Il est si dur d'être contrainte à implorer des secours.

DANGREMONT.

De quelqu'un que l'on estime, Madame, cela me parait simple.

NORTHON.

Ah mon dieu! elle en trouverait assez, si elle le voulait; mais nous sommes fieres.

M.e DORSAN.

Emprunter, sans espoir de pouvoir rendre; non jamais.

NORTHON.

Mais cette quittance existe enfin, elle se découvrira, et vous vous acquitterez un jour.

DANGREMONT.

Vous ne croyez donc point à la bienfaisance?

M.e DORSAN.

Beaucoup au contraire.

NORTHON.

Oui, pour donner, mais non pour recevoir; l'un est plus aisé que l'autre.

M.ᵉ DORSAN.

Si j'acceptais jamais un service, mon cœur saurait jouir du plaisir de la reconnaissance.

ERMANCE.

C'est un sentiment bien doux à éprouver.

NORTHON.

Sans doute il est doux. Je le connais moi ce sentiment là ; mais combien en est-il au contraire pour lesquels ce n'est qu'un fardeau pénible à supporter! (*A Dangremont.*) N'est-il pas vrai ?

DANGREMONT.

Cela se peut.

NORTHON.

Cela est, cela est. Oh ! combien j'en ai vu de ceux-là qui tenaient toute leur existence d'un bienfaiteur, et qui les premiers les auraient déchirés de leurs propres mains, s'ils l'avaient pu. On aurait dit en vérité qu'ils voulaient se venger du bien qu'on leur avait fait, comme d'une injure. Oh, quelle ingratitude! Aussi on doit regarder à deux fois avant que de donner; car, en vérité, la plupart du tems, ce ne sont que des ennemis qu'on se fait à soi-même.

DANGREMONT.

Souvent aussi c'est la faute du bienfaiteur. Tenez; excusons l'humanité, et soyons justes. Que d'avantages dans celui qui donne ! Que de jouissances pour sa sensibilité, comme pour son amour-propre ; tandis que celui qui reçoit au contraire, n'a qu'une continuité de

sentimens

sentimens pénibles à éprouver. C'est une espèce de dépendance au fond qu'il contracte ; et si le bienfaiteur par la délicatesse de ses procédés, n'en adoucit pas l'amertume, convenons que la reconnaissance alors ne devient plus qu'une dette onéreuse pour l'obligé.

NORTHON.

Ah ! je ne voudrais pas non plus recevoir comme çà du premier venu, à moins que ça ne me soit bien dû, s'entend....

M.e DORSAN.

De cette manière, Northon, donner est un devoir; ce n'est plus un plaisir.

DANGREMONT.

Oh oui, Madame, obliger sans intérêt, voilà le plaisir réel; et quelle reconnaissance ne doit-on pas à l'être estimable et intéressant, qui veut bien consentir à nous le procurer ?

M.e DORSAN.

J'ai connu cette jouissance, et je sais l'apprécier.

DANGREMONT.

Ne perdez donc point tout espoir; la vie ne serait qu'un néant anticipé, si toujours égoistes et personnels, les hommes ne voyaient jamais qu'eux dans l'univers. Notre sensibilité a besoin d'aliment; et ce ne sont que les obligations réciproques qui constituent véritablement notre existence.

M.e DORSAN.

De tels sentimens sont bien louables. Ne puis-je connaître au moins celui qui m'inspire une estime aussi méritée ?

DANGREMONT.

Je ne puis.... m'arrêter plus long-tems.

C

M.ᶜ DORSAN.

Quoi, je ne saurai pas votre nom!

DANGREMONT.

Vous le saurez plus tard; le tems me presse... (*A part.*) Ah, peut-être il sera trop tard.... Et la sentence....

M.ᶜ DORSAN.

Mais un moment seulement.

DANGREMONT.

Ne me suivez pas, je vous prie, ne me suivez pas.

M.ᶜ DORSAN.

Ma fille, Northon, conduisez donc....

NORTHON *va à la porte.*

Attendez donc au moins que j'aille vous ouvrir la porte.... bon, il est déjà bien loin.

ERMANCE.

Ah quel honnête homme, maman! Sa conversation répand dans l'ame une satisfaction que l'on ne peut exprimer.

NORTHON.

Eh bien! c'est un homme comme celui-là à qui des méchans en voudront, j'en suis sûre; ça ne peut pas vivre dans le même air; c'est impossible.

M.ᶜ DORSAN.

Je ne sais que penser de cette visite.

ERMANCE.

Pour moi, j'en augure favorablement.

SCÈNE XIII.

CELICOURT et les Précédens.

NORTHON.

Voici Célicourt.

CELICOURT.

Eh bien, vous voilà sûrement plus tranquille à présent

Me DORSAN.

Auriez-vous découvert quelque chose de satisfaisant pour nous ?

CELICOURT.

Non, mais la visite que vous venez de recevoir.

ERMANCE.

Vous connaissez donc l'honnête homme qui vient de sortir d'ici ?

CELICOURT.

Oh oui, oui, je l'ai bien reconnu, malgré tous les efforts qu'il a faits pour se cacher à mes yeux.

NORTHON.

Ah le brave homme ! si vous saviez.....?

CELICOURT.

Il est venu ici sans doute avant de se rendre au tribunal.

Me DORSAN.

Au tribunal ! et quelle influence cet homme aurait-il ?

CELICOURT.

Comment, quelle influence ? Dangremont, le Président du tribunal.

Me DORSAN.

(Avec une extrême surprise que les deux autres femmes partagent.)

Dangremont !

CELICOURT.

Lui-même.

NORTHON.

Ah ! je ne m'étonne plus à présent, que tant de monde dise du bien de cet homme là.

M.ᵉ DORSAN.

Il s'est contenté de me montrer le plus vif intérêt ; mais sans me dire son nom.

CELICOURT.

Je reconnais bien là sa modestie ordinaire.....

ERMANCE.

En ce cas, maman, nous avons tout lieu d'espérer.

CELICOURT.

N'en doutez pas ; Dangremont jouit d'une réputation d'intégrité que jamais rien n'a démenti. Chaque famille dans ses différens veut l'avoir pour conseil ; chaque plaideur, pour arbitre ; et ses décisions, toujours dictées par la sagesse et l'impartialité, le font regarder, avec raison, comme l'homme le plus juste et le plus respectable qu'il y ait. Oui, oui, soyez sûre que votre jugement sera favorable.

NORTHON.

Oh, que j'ai donc bien fait de lui tout conter ! Allez, je vous réponds qu'il connait bien Belroc, et que je n'ai rien oublié dans le portrait que je lui en ai fait.

ERMANCE.

On peut s'en rapporter à toi, ma bonne.

NORTHON.

Allons, rentrez, Madame ; et que cette bonne nouvelle là vous remette un peu de baume dans le sang.

M.ᵉ DORSAN.

Puissent vos espérances se réaliser !

CELICOURT.

Moi, de mon côté, je vais écrire à mon ami Gerville, que je n'ai plus besoin du secours qu'il m'avait fait espérer. Ah quel changement heureux pour nous, ma chère Ermance!

NORTHON *emmenant Me Dorsan.*

Venez, venez, Madame, votre déjeûné est encore au coin du feu..... Pour à présent j'espère bien que vous allez le manger de bon appetit. (*Elles sortent.*)

SCÈNE XIV.
CELICOURT.

Ecrivons bien vite à Gervile; l'intérêt, que cet ami zélé m'a montré, mérite bien que je le tire sur le champ d'inquiétude. (*Il s'assied à une table : il écrit.*) « Mon ami, ne craignez plus de ma part la démarche hasardée que je voulais faire chez Belroc, et que vous désapprouviez. Partagez toute ma joie; le Président du tribunal sort d'ici ; Me Dorsan l'a vu, lui a parlé. J'ai les plus grandes espérances sur l'heureuse décision de son procès. »

SCÈNE XVI.
DES RECORS, CELICOURT.
UN RECORS.

Est-ce ici chez la veuve Dorsan ?

CELICOURT *gaiment.*

Oui, c'est ici; vous venez sans doute lui apprendre n jugement.

LE RECORS.

Oui, il est rendu....

CELICOURT *gaiment.*

Eh bien !

LE RECORS.

Voici l'ordre.

CELICOURT se levant avec effroi.

Comment l'ordre ! que voulez-vous dire ?

LE RECORS.

Faites-nous lui parler.

CELICOURT.

Et quelle est la décision du tribunal ?

LE RECORS.

Condamnée à aller en prison.

CELICOURT.

Condamnée, dites-vous ; vous vous trompez, cela est impossible.

LE RECORS.

Parbleu ! lisez vous-même.

CELICOURT lit, et marmotte dans les dents.

(*Tout haut.*) Dangremont.... Dangremont l'a pu condamner ! Il l'avait donc déjà jugée, lorsqu'il est venu ici.

LE RECORS.

Allons, allons, où est-elle ?

CELICOURT.

Mais un moment, un moment ; Ah de grâce ; n'entrez pas !

LE RECORS.

Nous n'avons pas de tems à perdre.

CELICOURT.

Par pitié, je vous en conjure.... Ah ciel ! que va-t-elle devenir ?

LE RECORS.
Cela ne vous regarde pas. Laissez-nous faire.
CELICOURT.
Eh bien, que je vous précède au moins, et que je la prévienne sur le coup qu'elle va éprouver.
LE RECORS.
A la bonne heure, marchez devant nous.
CELICOURT.
Ah ciel! prends pitié d'elle, et fais lui supporter son sort avec courage!

Fin du premier Acte.

ACTE II.

Le Théatre représente l'intérieur d'une prison.

SCÈNE PREMIÈRE.

Me DORSAN, ERMANCE, arrivent les premières avec chacune un paquet, MATAR les suit.

MATAR.
Tenez-vous là un moment, en attendant qu'on apprête votre chambre.
ERMANCE.
Asseyez-vous, maman; donnez-moi ce paquet.
MATAR *lisant l'écrou à Ermance.*
Il n'y a sur l'écrou qu'une femme; il faut sortir, vous.

M.᪽ DORSAN.

Ah par grâce, permettez qu'elle ne me quitte pas!

MATAR.

Cela est défendu.... Il n'y a de permission de coucher ici que pour votre servante.

ERMANCE *au geolier.*

Pour sa servante?

MATAR.

Sans doute, et ce n'est pas vous qui l'êtes, je pense.

ERMANCE.

Si fait; la servir est mon premier devoir, et mon plus grand plaisir.

MATAR.

Si cela est, restez.... J'aimerais pourtant beaucoup mieux que cela ne fût pas. Toutes ces condescendances là font que les prisonniers n'occupent point les gens de la maison; et tous les profits sont perdus.

ERMANCE.

Que cela ne vous inquiète pas; tout ce que je gagnerai sera pour vous, je vous le promets.... Et tenez, voici déjà un à-compte que je vous prie de recevoir.

MATAR.

Eh non, ce n'était pas pour ça que je....

ERMANCE *avec instance.*

Acceptez; je vous prie.

MATAR *prenant.*

Vous le voulez comme ça.

M.᪽ DORSAN *assise.*

Il va sans doute bientôt venir ici une autre femme me demander, veuillez lui permettre d'entrer.

Pour

MATAR.

Pour rester encore ici?

Me DORSAN.

Oh non, celle-ci seule restera toujours avec moi; l'autre ressortira tout de suite.

MATAR.

Eh bien, nous verrons... (*Il va pour sortir et revient.*) Ah çà, s'il vous faut quelque chose, vous enverrez votre fille en-bas.... Elle est, ma foi, gentille. Comment l'appelle-t-on? Jeanneton, Louison? (*Lui passant la main sous le menton.*) Allons, allons, nous aurons bien soin d'elle.

(*Ermance saisie de crainte n'ose la manifester.*)

SCÈNE II.
Me DORSAN, ERMANCE.

Me DORSAN.

Ma fille, à quelle humiliation cela t'expose!

ERMANCE.

Moi, maman, me trouver humiliée de passer pour otre servante! C'est mon titre aujourd'hui pour ne int vous quitter; il me relève à mes propres yeux.

Me DORSAN *se levant*.

Quelle épreuve pour ton cœur et pour le mien!

ERMANCE.

Pour le vôtre seul; car pour le mien, c'est une ouissance que de partager vos peines, et de pouvoir r mes soins m'acquitter de tout ce que je vous dois.

Me DORSAN.

Ce pauvre Célicourt, dans quel état nous l'avons laissé!

D

ERMANCE *s'essuyant les yeux.*

Ah, ne parlons pas de lui, maman !

Me DORSAN.

Tu le reverras bientôt... Nous ne resterons peut-être pas long-tems ici.

ERMANCE.

Je l'espère, car vous y êtes bien mal.

SCÈNE III.

AMBROISE, Me DORSAN, ERMANCE.

AMBROISE.

(*Sortant d'une petite porte, à droite des Acteurs, avec un balai.*)

VOILA votre appartement, Mesdames ; quand vous voudrez.

Me DORSAN.

Ah ciel ! on a pu nous entendre.

AMBROISE.

Tenez, par c'te petite porte là ; l'escalier à deux pas, et vous arrivez droit à votre chambre.

ERMANCE.

C'est bon ; j'y vais porter les paquets de Madame.

AMBROISE.

Des paquets, oh ! attendez, attendez, c'est mon emploi ; çà, je vas les prendre.

ERMANCE.

Nous les porterons nous-mêmes.

AMBROISE.

C'est trop lourd, ma petite mère, donnez, donnez

M.ᵉ DORSAN à sa fille.
Laisse-le lui porter.

AMBROISE.
Vous allez être comme un charme, dà, dans c'te chambre que je viens d'vous préparer. Le prisonnier qu'on en a retiré ce matin, et qui y était depuis quatre mois, s'y trouvait rudement bien, allez.

M.ᵉ DORSAN.
Il a donc recouvré sa liberté ?

AMBROISE.
Oh ben oui, sa liberté ! On ne sort pas d'ici comme çà ; nous l'avons mis plus haut, pour vous donner sa chambre.

M.ᵉ DORSAN.
Il ne fallait pas le déranger, s'il s'y trouvait bien.

AMBROISE.
On ne lui a pas demandé son avis ; et puis il faut ben que les dames ayont la préférence.

ERMANCE.
Cette chambre est donc commode ?

AMBROISE.
Si elle l'est ! Je le crois ben, ma fine ; une chambre garnie d'un bon lit de planches, avec une paillasse, armoire dans le mur, table pliante et deux chaises de bois. Je vous demande un peu si c'est commode çà ; allez, allez, rien n'y manque.

M.ᵉ DORSAN.
Pourvu qu'elle soit propre, cela suffit.

AMBROISE.
Oh ! pour de çà faut pas vous promettre plus qu'il n'y en a. J'ai bien ôté le plus fort ; mais ce prisonnier

qui ne sortait pas de là dedans ; voyez-vous ; et qui ne voulait jamais qu'on balaye ; vous sentez bien que ça n'arrange pas une chambre ; et puis cette tapisserie de charbon qu'il a peint sur le mur, c'est encore bien vilain ; mais à ça près , c'est un appartement bien comme il faut.

ERMANCE *bas*.

Maman, que vous allez y souffrir !

M.ᶜ DORSAN.

Du courage, ma fille, du courage... *A Ambroise.*
Allons, conduisez-nous.

AMBROISE.

Par ici ; tenez, baissez la tête, enfilez tout droit....
deux pas....

(*Elles entrent, il les suit.*)

SCÈNE IV.
BELROC, MATAR.
BELROC.

Eh bien ! où est-elle donc ?

MATAR.

Apparemment qu'elle est déjà dans sa chambre...
Si tu veux lui parler, je la ferai venir.

BELROC.

Tu me feras plaisir.

MATAR.

(*Il va à la porte.*)

Eh bien, attends.

BELROC *l'arrêtant*.

Un moment ; dis-moi donc, est-elle seule ?

MATAR.

Non, elles sont deux.

BELROC *étonné*.

Deux ?

MATAR.

Oui, sa servante, qu'on a permis qui reste avec elle.

BELROC.

Sa servante, bon.... (*Bas.*) Que peut-elle donc être devenue ? (*Haut.*) Quoi, pas d'autre femme ?

MATAR.

Et non, je te dis, elles ne sont que deux ; il en doit venir une troisième, à ce qu'elle m'a dit ; mais je ne sais pas si je la laisserai entrer.

BELROC.

Ah oui, je t'en prie, laisse-la entrer.

MATAR.

Bon, tu la connais donc ?

BELROC.

Beaucoup, je te conterai tout çà.... Et où l'as-tu logée ?

MATAR.

Dans le cabinet à l'armoire ; ici près, tu sais bien.

BELROC.

Elle n'y sera, ma foi, pas trop bien.

MATAR.

Bah, bah, on vit par-tout. Tu n'y es pas mort, toi, pour y être resté six mois.

BELROC.

Ah, ce tems-là est passé, heureusement.

MATAR.

Faut convenir que tu es bienheureux pourtant de t'être tiré de là; car c'était bien la plus....

BELROC.

Il n'y a pas eu de preuves, au bout du compte.

MATAR.

Il n'y en a pas eu! dis donc que tu as eu des amis de ton espèce, qui les ont fait disparaître.

BELROC.

Bon, bon, il faut bien un peu d'industrie pour se tirer d'affaire.

MATAR.

Ah, tu appelles cela de l'industrie, toi !

BELROC.

Sans doute; et ce qu'il y a de sûr aujourd'hui, c'est que je suis bien.

MATAR.

Oh ! je n'en doute pas; tu jouis en toute liberté de tes rapines; et tu t'en fais gloire encore... je gage.

BELROC.

Pardi, voilà un beau venez-y-voir; tu es un drôle d'original, toi. Eh bien, parbleu, je fais comme tant d'autres.

MATAR.

J'ai vu le tems que les frippons les plus avérés voulaient tous en prison passer pour d'honnêtes gens. Aujourd'hui dans votre argot, ce mot là est devenu comme une injure. Un honnête homme ou un sot pour vous autres, c'est la même chose.

BELROC.

Je voudrais bien te voir à même, toi, si tu n'en ferais pas autant.

MATAR.

Eh bien! je dis moi, que quand il n'y a plus de honte à voler, que çà va mal.

BELROC.

Et moi, je dis que cela va bien.... Enfin, ce qu'il y a de sûr, c'est qu'aujourd'hui je ne dépends plus de personne, et que je suis à même, mon cher Matar, de récompenser largement un service que l'on me rendrait.

MATAR.

Tant mieux pour ceux que çà regardera; quand l'argent est gagné, on ne s'embarrasse pas de quelle main il vient.

BELROC.

Et toi-même, tout le premier, si tu voulais m'obliger.

MATAR.

Pourquoi pas, si je le peux; voyons, de quoi s'agit-il?

BELROC.

Cette prisonnière, m'as-tu dit, attend la visite d'une femme.

MATAR.

Eh bien!

BELROC.

Si tu peux me ménager un entretien avec elle, je te promets....

MATAR.

Avec cette femme d'ici à côté, parbleu, rien de si aisé.

BELROC.

Eh non, avec celle qui doit venir.

MATAR.

Pas plus de difficulté avec l'une qu'avec l'autre... et pourvu que je sois présent.

BELROC.

Voilà ce que je ne veux pas.

MATAR.

Ah ! tu voudrais lui parler sans témoin.

BELROC.

Précisément.

MATAR.

Eh bien ! touche là.... ça ne sera pas.

BELROC.

Et pourquoi ? Voyons.

MATAR.

Pourquoi ? Parce que je ne le veux pas.

BELROC.

Tu es toujours dur, comme à ton ordinaire, toi.

MATAR.

Si je ne l'étais pas, est-ce que je pourrais faire mon état donc.

BELROC.

Je te récompenserai bien.

MATAR.

Eh non, non, je te dis encore une fois, cela ne sera pas. Ni insulte, ni industrie dans ma prison ; entends-tu ?

BELROC.

Ce que j'ai à lui dire est honnête.

MATAR.

Je ne m'embarrasse guère de ce que tu lui diras. (*S'en allant.*) Allons, allons ; si tu n'as rien de plus à me dire... bon soir.

BELROC.

Un moment donc.

Matar.

MATAR.

Non, je te dis, tu ne lui parleras que moi présent; vois si ce marché là te convient; et ne m'étourdis pas plus long-tems les oreilles, car je n'ai pas le tems de jaser ici deux heures.

BELROC.

Eh bien soit! Allons, tu seras présent. Quel diable d'homme tu es!

MATAR.

Comme cela, soit.

BELROC.

Ecoute, il faut que je sorte un moment; si elle vient, tu la retiendras jusqu'à mon retour.

MATAR.

C'est bon.

SCÈNE V.

AMBROISE, BELROC, MATAR.

MATAR à *Ambroise*.

Eh bien, sont-elles arrangées là dedans?

AMBROISE *pleurant*.

Tenez, not' maître, ne m'en parlez pas; pour des prisonnières comme çà, il n'y a pas de pierre ni de rocher qui y tiennent; çà vous amollirait une enclume.

BELROC.

Ambroise a donc toujours le cœur bien tendre?

AMBROISE.

C'est sur-tout cette pauvre fille qui me traite de (*avec une petite voix*) *Monsieur; je vous suis bien obligée, ne prenez pas tant de peines,* avec une petite parole si douce·

E

BELROC à *Matar*.

De quelle fille parle-t-il donc?

MATAR.

De sa servante; laisse-le donc dire; l'imbécille!

BELROC *riant*.

La parole douce de M.ᵉ Northon. Ah, ah.... il faut donc que la prison l'ait furieusement changée. *A Matar.* Ah çà, au revoir, songe à notre marché.

MATAR.

C'est dit.

SCÈNE VI.
MATAR, AMBROISE.
MATAR.

Va-t-en à ton ouvrage, toi, et cesse tes lamentations.

AMBROISE *pleurant.*

Not' maître, not' maître, rien qu'un mot.

MATAR.

Quoi? voyons.

AMBROISE.

Ces pauvres braves femmes de là dedans.

MATAR.

Et laisse donc, avec tes braves femmes.

AMBROISE.

Elles sont bien innocentes, j' vous en réponds.

MATAR.

Cela se peut; il ne s'en voit que trop comme çà dans les prisons; mais tant pis pour ceux qui les y font mettre. Ils en sont punis tôt ou tard; cela n'est pas notre affaire. Chacun son devoir; le nôtre à nous, c'est de garder les prisonniers, quand on nous les amène, sans nous embarrasser du reste. Allons, va à ton ouvrage, je te dis.... (*Il sort.*)

SCÈNE XVII.

AMBROISE *répétant d'une grosse voix.*

« Les garder sans nous embarrasser du reste....» Hon! c'est comme un loup cet homme là; et bien moi, je veux m'en embarrasser là; je ne la laisserai peut-être pas coucher comme çà, sur la planche. (*avec une petite voix.*) Il n'y a pas de matelas, dit-elle... Si fait, si fait, vous en aurez un des matelas, ma petite amie, je puis bien coucher une nuit, par rapport à vous, sur le bois; et je m'en vas vous chercher mon propre lit.

SCÈNE VIII.
NORTHON, AMBROISE, MATAR.

NORTHON.

Eh bien, où sont-elles donc, voyons?

MATAR *rudement.*

Donnez-vous patience, un moment, on va les avertir. Ambroise, va leur dire de venir.

AMBROISE.

J'y vas.

NORTHON.

Je veux aller où elles sont.

MATAR *l'arrêtant par le bras.*

Arrêtez-là, je vous dis, elles vont venir.

NORTHON.

Pourquoi ne voulez-vous pas que je les voie dans leur chambre ?

MATAR.

Parce que ça ne me convient pas.

NORTHON.

Vous êtes bien peu complaisant.

MATAR.

Je ne le suis pas du tout.

NORTHON.

Vous pourriez être au moins plus poli.

MATAR.

Pas d'avantage ; pardi, sans doute. Faut-il pas faire tout de suite la volonté d'une femme ?

NORTHON.

Quelle grossièreté !

MATAR.

Je crois qu'il vous faudrait aussi quelques semaines ici pour vous apprendre à obéir.

NORTHON.

Ah, ma pauvre Ermance, dans quelle compagnie vous êtes-là !

MATAR.

Allons, tenez, les voilà. (*Northon veut aller à sa maîtresse, et est retenue par l'air sévère du geolier.*) Donnez leur vite ce qu'il leur faut ; et tâchez de ne pas rester trop long-tems...., Viens çà, Ambroise.

AMBROISE, *bas à Ermance.*

Je m'en vas vous chercher le matelas de ma niche, mon petit chat.

MATAR *poussant Ambroise.*

Eh bien, eh bien, de quoi je me mêle! Veux-tu bien marcher. (*Ils sortent.*)

___

SCÈNE IX.

Me *DORSAN, NORTHON, ERMANCE.*

Me DORSAN.

Eh bien, Northon!

NORTHON *pleurant.*

Ah, Madame! Ah!

Me DORSAN.

Ne t'afflige pas tant; tu vois, j'ai ma fille avec moi; je ne suis pas si malheureuse.

ERMANCE.

Ne pleure donc pas comme cela, ma bonne.

NORTHON *serrant la main d'Ermance.*

Ma chère Ermance!

Me DORSAN.

Tu as plus de courage que cela ordinairement.

NORTHON.

J'en avais avant de vous voir, je n'en ai plus à présent.

Me DORSAN.

Remets-toi, remets-toi....

ERMANCE.

Tu n'as vu personne, ma bonne?

NORTHON.

Si fait, si fait.... tout à l'heure je vais vous le dire. Ah! mais j'étouffe.

ERMANCE.

Nous n'avons pas seulement ici un verre d'eau à lui donner.

NORTHON *se remettant.*

Je vous remercie, je n'ai besoin de rien ; me voilà remise.

ERMANCE.

Ah, tant mieux !

NORTHON.

Oui, me voilà bien, tout à fait bien. J'ai de bonnes nouvelles à vous donner.

M.ᵉ DORSAN.

Aurait-on retrouvé quelques papiers ?

NORTHON.

Pas encore, non ; mais Célicourt m'a fait dire tout à l'heure qu'il fallait vous tranquilliser ; que vous ne seriez pas long-tems ici, parce que dès aujourd'hui vous seriez quitte avec Belroc.

M.ᵉ DORSAN.

Célicourt ! et comment aurait-il pu trouver une somme aussi considérable ?

NORTHON.

Ah, le pauvre garçon, Madame ! Si vous l'aviez vu ; son désespoir était si grand, lorsque vous avez été partie, que j'ai cru qu'il en perdrait la tête. Je voulais lui parler, il ne m'entendait pas. Enfin, il s'est écrié, en me quittant, j'ai des moyens de les délivrer. Il m'en coûte de les employer ; mais je ne puis délibérer davantage ; et là dessus il m'a quittée.

M.ᵉ DORSAN.

Quels peuvent avoir été ces moyens ? Tu m'effrayes

ERMANCE.

Tranquillisez-vous, maman Célicourt n'en peut employer que d'honnêtes.

NORTHON.

Il n'y a pas de doute à cela, Madame; ah! il n'y a pas de doute, je répondrais de lui comme de moi-même. Allez, allez, il n'y a pas à vous inquiéter.

SCÈNE X.

AMBROISE, avec un matelas et une couverture, et les Précédens.

AMBROISE.

Tenez, Mademoiselle, voilà tout ce que j'ai, que j'apporte pour vous.

NORTHON.

Fi donc, qu'est-ce que c'est que ces guenilles là?

AMBROISE.

Qu'appellez-vous guenilles? C'est ben un matelas et une couverture peut-être.

NORTHON.

Allons, remporte-moi tout cela; pense-tu que ces ames soient faites pour coucher sur de pareilles ordures?

ERMANCE.

Il donne de bon cœur ce qu'il a, ma bonne; il faut lui en savoir gré.

AMBROISE.

Là, elle n'est pas si fière que vous, elle. Eh bien, si la dame est si dégoûtée, prenez-en soin; je me charge de la servante, moi; pas vrai, ma petite amie?

NORTHON.

Qu'est-ce que c'est, qu'est-ce que cela veut dire? à servante! Apprend....

M.e DORSAN, *l'arrêtant.*

Elle passe ici pour cela; ne dis rien, je t'en prie. Si l'on savait qu'elle est ma fille, elle ne resterait pas ici.

AMBROISE *à Ermance.*

Cette femme là n'est pas si polie que vous.

NORTHON *à M.e Dorsan.*

Je vous entends, Madame; cela suffit, ne craignez rien.

M.e DORSAN *à Ambroise.*

Va, mon garçon, va, je te remercie; porte cela dans notre chambre.

NORTHON *dégoûtée.*

Ah, quelle horreur!

AMBROISE.

Dam! vous savez le proverbe, la plus belle fille....

M.e DORSAN *l'interrompant.*

C'est bon, Ambroise; je t'en ai la même obligation; va. (*Il entre.*)

NORTHON.

L'on ne vous fournit donc rien?

M.e DORSAN.

Rien absolument.

ERMANCE.

Il n'y a que les quatre murailles.

NORTHON.

Ah, mes pauvres maîtresses, où en êtes-vous réduites! Je m'en vais bien vite à la maison en ce cas, et je vous apporterai tout ce qu'il vous faut pour cette nuit.

M.e Dorsan.

M.e DORSAN.

Tâche de m'apprendre à ton retour quelque chose des démarches de Célicourt, car ce que tu m'as dit m'inquiète.

NORTHON.

Soyez tranquille; d'ici à une demie heure, vous saurez tout ce qu'il en est.

ERMANCE.

Tâche de le voir toi-même, ma bonne.

NORTHON.

Oui, oui, je le verrai; ne vous mettez pas en peine.

M.e DORSAN.

Nous allons rentrer pour l'attendre, car cette chambre ci est un passage, et je veux éviter les questions.

NORTHON.

Bon....

AMBROISE *sortant avec une cruche.*

A c't'heure, c'est de l'eau qu'il vous faut, pas vrai? J'y cours, j'y cours.

NORTHON *à Ambroise.*

Un moment, un moment, garçon; puisque vous sortez, vous allez me conduire en bas, s'il vous plaît.

AMBROISE.

Eh ben, venez, volontiers.

M.e DORSAN.

Au revoir, Northon.

NORTHON.

Adieu, ma bonne maîtresse, adieu; prenez courage; allez, cela ne sera pas long, j'espère, cela ne sra pas long.... Ah!

F

ERMANCE.

Reviens bientôt, ma bonne.

NORTHON *les conduisant à leur porte.*

Dans une demie heure je suis ici; adieu, M.lle Ermance, adieu.

(*Elle l'embrasse, prend les mains de M.e Dorsan, et sort en larmes.*)

SCÈNE XI.
AMBROISE, NORTHON.

AMBROISE.

Ah dam! le premier moment comme çà, voyez-vous, hors de chez soi, c'est toujours triste; mais on s'y habitue avec le tems.

NORTHON *en soupirant.*

On s'y habitue!

AMBROISE.

Faut ben qu' çà soit, puisqu'il y en a qui se font fourrer ici des trois à quatre fois de suite, dans le courant d'une année.

NORTHON.

Ah bien! çà ne serait pas moi qui m'y habituerai. (*Essuyant ses yeux.*) Allons-nous en, allons.

SCÈNE XII.
MATAR, NORTHON, AMBROISE.

MATAR.

(*Près de la coulisse, arrêtant Northon.*)

Où allez-vous?

NORTHON.

Je m'en vais; ne croyez-vous pas me garder ici donc?

MATAR.

J'en serai parbleu bien fâché; mais.... vous ne sortirez p'encore tout à l'heure pourtant.

NORTHON.

Comment, je ne sortirai pas?

MATAR

Eh non, vous dis-je?

NORTHON.

Mais, mais, je n'ai pas le tems de m'arrêter, et il faut.... (*Elle veut sortir.*)

MATAR.

(*L'arrêtant par le bras.*) Il faut que vous fassiez ce que je veux.... *A Ambroise.* Toi, va-t-en.

AMBROISE.

Mais not' maître, c'te femme.....

MATAR.

Va-t-en, je te dis, et ne me le fais pas répéter deux fois. (*Il sort.*)

SCÈNE XIII.

MATAR, NORTHON.

NORTHON.

Ah çà, quelle raison avez-vous, s'il vous plaît, de me retenir?

MATAR.

Pardi, prenez garde; on ne vous mangera pas.

NORTHON.

Mais enfin, je veux savoir.

MATAR.
Eh bien! un homme qui veut vous parler, là.
NORTHON.
Un homme! à moi?
MATAR.
Eh oui, un homme! Cela vous fait-il peur?
NORTHON.
Je n'ai que faire à personne ici.
MATAR.
Il a affaire à vous, lui, apparemment.
NORTHON
Vous vous méprenez, sans doute, et ce n'est pas à moi....
MATAR.
A vous-même.
NORTHON.
Qu'a-t-il à me dire, enfin?
MATAR.
Est-ce que je sais, moi? Il est peut-être amoureux de vous, que sait-on? N'êtes-vous pas assez aimable pour ça?
NORTHON.
Cessez ces plaisanteries là, je vous prie; et laissez-moi m'en aller.
MATAR.
Je vous dis que vous ne vous en irez pas, avant de lui avoir parlé.
NORTHON.
Mais enfin, je ne veux pas me trouver comme ça, tête à tête avec un homme que je ne connais pas.

MATAR.

Quel risque!

NORTHON.

Comment, quel risque? Cet homme n'a qu'à ne pas être honnête, et se permettre....

MATAR *l'interrompant.*

Allons donc, vous faites l'enfant; mais je l'entends qui vient; entrez là dedans un moment.

NORTHON.

Pourquoi m'en aller, puisque le voilà?

MATAR.

J'ai mes raisons pour cela; faites ce que je vous dis.

NORTHON.

Qu'est-ce que cela veut donc dire? En vérité, je n'y conçois rien.... Un homme... à moi.

MATAR.

Entrez, je vous dis, et ne craignez rien.... je serai présent.

NORTHON *en entrant.*

Ah, mon dieu, mon dieu, quelle singulière avanture!

(*Elle entre dans un cabinet opposé à la chambre de ses maîtresses.*)

SCÈNE XIV.

BELROC, MATAR.

BELROC.

Eh bien! est-elle venue?

MATAR.

Oui: elle est là dedans.

BELROC.
Lui as-tu dit qui j'étais?

MATAR.
Ma foi, non.

BELROC.
Tant mieux.

MATAR.
Mais il faut qu'elle l'ait deviné, car elle a une peur du diable de toi.

BELROC.
C'est une jolie fille, n'est-ce pas?

MATAR.
Jolie? Ah! ma foi, comme çà.

BELROC.
Comment, comme çà? Tu ne t'y connais donc pas? Un visage charmant, une taille délicieuse et un son de voix si doux; ah!

MATAR *riant*.
Ah, je ne me suis donc pas trompé, quand je lui ai dit que tu en étais amoureux! Ils sont tous comme çà.

BELROC.
Oui, je te l'avoue, j'en suis amoureux comme un fou. Allons, fais-moi lui parler.

(*Il va pour entrer.*)

MATAR *l'arrêtant*.
Et nos conditions donc? Les miennes sont remplies.

BELROC.
Ah, je t'entends! Tiens.

MATAR.
Qu'est-ce qu' c'est que çà; tu badines, je crois. Je te ménagerai un rendez-vous avec une fille char-

mante; que tu aimes comme un fou; et tu me donneras un louis.

BELROC.

Comment, tu n'es pas content?

MATAR.

A moins de quatre, tu ne la verras pas.

BELROC.

Tu me laisseras donc lui parler seul?

MATAR.

Ah! ma foi, volontiers; elle est en état de te répondre.

BELROC.

Eh bien! tiens, les voilà; mais tu es furieusement intéressé.

MATAR.

J'aime mieux en demander qu'en prendre, c'est ma manière; entends-tu? Attends là, je vas la faire venir.

SCÈNE XV.

BELROC seul.

Tâchons de l'intimider, ou plutôt, sous le prétexte d'être utile à sa mère, déterminons-la à quelque consentement qui la mette dans l'impossibilité d'être à d'autre qu'à moi. Le tems est précieux, ne laissons pas échapper cette occasion.

SCÈNE XVI.
NORTHON, MATAR, BELROC.
BELROC.

On ouvre; le cœur me bat malgré moi.

MATAR à *Northon.*

Allons, venez, ne craignez rien.

NORTHON *sortant avec précipitation.*

Eh bien, eh bien ! qu'est-ce qu'il a à me dire, cet homme ? Où est-il ? Voyons.

BELROC.

Que vois-je ! Northon !

NORTHON.

Quoi ! c'est ce monstre là qui ose demander à me parler; c'est donc pour que je lui arrache les deux yeux.

BELROC.

Un moment, madame, entendons-nous, s'il vous plait.

NORTHON.

Moi, que je t'entende ! As-tu pu croire que je m'abaissasse à te demander des grâces pour mes pauvres maitresses? Ah ! M.^r le geolier, ne le laissez point entrer chez elles, je vous en conjure; c'est leur dénonciateur. Lui seul est cause de tous les malheurs qu'elles éprouvent.

BELROC.

Matar, fais-la donc sortir.

MATAR.

Mon ami, mais tu es bien mal reçu de ta charmante.

BELROC.

Tu m'as trompé, ce n'est point elle à qui je comptais parler.

NORTHON.

Je le crois bien, que ce n'est point à moi à qui tu en voulais. Quoi ! ce n'était point assez pour toi de vouloir leur enlever le reste de leur fortune,

et

et d'employer les machinations les plus iniques pour tromper la justice, et te faire donner ce que tu sais bien qui ne t'appartient pas; il fallait encore que ta scélératesse cherchât les moyens de porter le déshonneur dans une famille respectable.

MATAR.

Belroc, ce ne sont pas là des douceurs.

BELROC.

Je ne sais pas ce qu'elle veut dire.

NORTHON.

Va, va, tu ne jouiras pas long-tems de ton triomphe. La vérité n'est peut-être pas loin de se découvrir. Célicourt n'est point enfermé, lui; il saura trouver les moyens de te confondre.

BELROC, à part.

Puis-je avoir été joué de cette façon?

MATAR.

Quoi, tu ne réponds rien! mais défends toi donc.

NORTHON.

Que voulez-vous qu'il réponde? Le crime est si bas, quand il est démasqué.

BELROC.

Je méprise ses propos... Adieu.   [*Il sort.*]

SCÈNE XVII.

NORTHON, MATAR.

NORTHON.

Ah! vous ne connaissez sûrement pas toute la noirceur de cet homme là?

MATAR.

Ah, que si fait ! Allez, je sais de quoi il est capable, et vous ne m'étonnez pas.

NORTHON.

En ce cas, comment lui avez-vous permis cet entretien ?

MATAR.

S'il eût osé vous insulter, je l'eusse fait sauter par la fenêtre.

NORTHON.

Ah ! empêchez qu'il ne revienne, et que sur-tout il n'approche pas de ma.... des deux prisonnières que vous avez ici.

MATAR.

Ne craignez rien, j'y aurai soin.

NORTHON.

Je vais leur chercher différentes choses dont elles ont besoin pour cette nuit. Je pourrai rentrer, n'est-ce pas ?

MATAR.

Allez, allez, quand vous reviendrez, la porte vous sera ouverte.

NORTHON *faisant une inclination.*

Je vous remercie.

MATAR *sans la regarder.*

C'est bon.

SCÈNE XVIII.
MATAR *seul.*

CE mauvais sujet de Belroc fait toujours des siennes. S'il pouvait être pincé encore une fois, il ne s'en tirerait sûrement pas comme il a fait jusqu'à présent. Ah! comme tous ces brouillons là sont dangereux?

SCÈNE XIX.
UN HUISSIER DU TRIBUNAL, MATAR.

MATAR.
Ah, te voilà! Qu'y a-t-il de nouveau?

L'HUISSIER.
C'est un ordre de sortie.

MATAR.
Voyons qui cela regarde.

L'HUISSIER.
Il y a aussi une lettre à remettre.

MATAR.
Donne. (*lisant.*) Hon, hon, pour la Cit.ᵉ Dorsan. Ah bien, ma foi, celle-là n'aura pas eu le tems de s'ennuyer ici. C'est bon; au revoir... (*allant l'appeler.*) Cit.ᵉ Dorsan, descendez, descendez bien vite. De bonnes nouvelles... De bonnes nouvelles.... Parbleu; j'en suis bien aise, car quoiqu'on ne soit pas tendre, on n'aime point à voir souffrir des innocens.

SCÈNE XX.
M.ᵉ DORSAN, ERMANCE, MATAR.

MATAR.
Vous êtes libres, et pouvez dès ce moment retourner chez vous.

ERMANCE.
Ah, maman, quel bonheur!

M.ᵉ DORSAN.
Comment se peut-il? En si peu de tems!...

MATAR.

Je n'en sais, ma foi, rien; j'en viens de recevoir l'ordre avec cette lettre... Tenez.... La porte vous sera ouverte quand vous voudrez. (*Il sort.*)

SCÈNE XXI.
M.e DORSAN, ERMANCE, AMBROISE.

M.e DORSAN.

Voyons, lisons cet écrit.

« M.e Dorsan est quitte envers Belroc; les dix mille » francs qu'elle a été condamnée à payer, viennent » d'être portés chez lui. »

Sans signature.... De quelle main peut venir ce secours inattendu ?

ERMANCE.

Mon cœur me dit que la source en est pure.

AMBROISE *accourant*.

Rangez-vous de là bien vite ; v'là qu'on amène un voleur.

M.e DORSAN.

Ah ciel ! pourquoi ne sommes-nous pas déjà sorties ?

AMBROISE.

Passez par là, vous ne le rencontrerez pas.

(*Elles fuient par la gauche du théâtre, tandis que des archers entrent à droite. Ambroise, qui leur a montré le chemin, revient aussitôt.*)

SCÈNE XXII.
CÉLICOURT, MATAR, AMBROISE, BELROC, GARDES.

(*Belroc arrive le premier, ensuite Célicourt que deux archers tiennent par le collet.*)

BELROC.

Je veux ce registre; il l'a enlevé de chez moi.

CELICOURT.

On ne l'aura qu'avec ma vie.
(*Ambroise vient se fourrer au milieu d'eux, pour les empêcher de se battre, et est rudoyé par Belroc.*)

BELROC.

Je saurai bien m'en emparer.

CELICOURT.

N'avance pas, ou crains l'effet de ma fureur.

MATAR *arrivant.*

Qu'est-ce donc que tout ce vacarme?

CELICOURT *allant à Matar.*

Vous êtes sans doute le concierge de cette maison? C'est à vous seul que je remets ce registre, pour le déposer au greffe.

BELROC.

Il est à moi, je le veux.

MATAR.

Pas de ça, on ne rend rien ici. Il va être en sûreté. Ambroise, fais entrer ce prisonnier dans la tour.

CELICOURT.

Que je puisse au moins un moment parler....

MATAR *l'interrompant.*

Demain, demain nous verrons cela.

(*Ambroise fait entrer Célicourt.*)

BELROC *poursuivant Matar.*

Mais, Matar, écoute moi donc?

MATAR.

Pas plus pour toi que pour d'autres.

[62]

BELROC *s'en allant.*

Quel diable d'homme !

MATAR.

Encore un voleur de pris. Ils ne le sont pas tous; mais enfin.... C'est toujours ça. (*Il sort.*)

Fin du deuxième Acte.

ACTE III.

SCÈNE PREMIÈRE.

AMBROISE *seul, avec un gros pain et une cruche.*

EH bien, tenez, ce jeune homme qu'ils ont amené là, je gagerais que c'est encore un tour de Belroc. Ils ont beau dire qu'on l'a surpris prenant des papiers, et que c'est à la clameur publique qu'on l'a arrêté; moi, je dis qu'un voleur n'a pas c't air là. Je m'y connais p't-être. Comme il soupirait en entrant dans son cachot !... Et puis quand ils l'y ont fermé la porte sur lui, comme il disait en sanglotant : Ma chère Ermance ! ma chère Ermance !.... et moi qui la prenais pour la servante ! Ah ! comment est-ce que j'ai pu m'y tromper ? N'importe, je ne me repens pas de l' avoir offert mon lit; et si ce prisonnier est son ami c'est fini, je le crois innocent. Al ne peut aime qu'un brave garçon. Allons lui porter son souper

SCÈNE II.
BELROC, AMBROISE.

BELROC.
Où donc est-il? On le disait ici.

AMBROISE.
Qui çà?

BELROC.
Matar.

AMBROISE.
Il est là haut, à faire sa ronde.

BELROC.
Dis lui de descendre, vite, vite.

AMBROISE.
Ce n'est sûrement pas pour quelque chose de bon, puisque c'est si pressé.

BELROC *le pousse.*
Eh va donc, nigaud.

AMBROISE *s'en va en murmurant.*
Nigaud!

SCÈNE III.
BELROC.
Comment ai-je pu garder ce cruel registre? Il était si simple de l'anéantir; mais non, l'espoir de pouvoir m'en servir contre un autre débiteur de Dorsan, me l'a fait garder. Et voilà comme on perd tout, en voulant trop gagner.... Autre motif d'inquiétude, mon associé, cet hypocrite de Gervais me fait trembler avec ses scrupules.... Ces demi-probités là sont perfides. J'aurais dû m'en méfier, car je sais qu'il est homme... Mais j'entends Matar, tâchons de le gagner, et n'épargnons ni les caresses ni l'argent.

SCÈNE IV.
MATAR, BELROC.
MATAR.

C'est encore toi !

BELROC.

Il faut absolument que tu me rendes un service essentiel.

MATAR.

Est-ce comme celui de tantôt ? Ah volontiers.

BELROC.

Cesse de plaisanter. C'est bien autre chose.

MATAR.

Tu parais bien troublé.

BELROC.

Je n'ai qu'un mot à te dire. Voici ma bourse, ne la ménage pas ; demande moi tout ce que tu voudras.

MATAR.

Sur cela tu peux t'en rapporter à moi. Voyons; de quoi s'agit-il ?

BELROC.

Tu sais le vol qui vient de m'être fait.

MATAR.

Eh bien !... ton voleur est pris, tu dois être content.

BELROC.

Au contraire, je suis dans une agitation, un tourment....

MATAR.

Voilà qui est singulier... Il est bien tranquille, lui.

BELROC.

BELROC.

Ecoute; avant que ce jeune homme ne parle, il faut que tu fasses rentrer dans mes mains ce registre qui m'a été volé.

MATAR.

Mais tu perds la tête; c'est la pièce de conviction du délit.

BELROC.

Je le sais; mais tu substitueras celui-ci en place. Tu dois voir qu'il est absolument semblable à l'autre.

MATAR.

En effet,... il me semble....

BELROC.

Je t'ai dit que ma bourse était à toi; mais c'est trop peu. Vingt-cinq louis seront le prix de ton zèle à m'obliger.

MATAR.

Vingt-cinq louis! Il faut que ce livre te soit bien précieux.

BELROC.

S'il paraît aux yeux des Juges, il peut me compromettre.

MATAR *à part.*

Le coquin.... (*Haut.*) Au lieu qu'en y substituant celui-ci.

BELROC.

Je reste pur.

MATAR.

Ah pur!.... Et ce jeune homme?

BELROC.

S'en tirera comme il pourra; que m'importe!

MATAR *se retourne avec horreur.*

Ah!....

BELROC.

Tu balances.

MATAR.

Pas du tout. Résumons-nous. Reprendre le registre volé....

BELROC.

Fort bien.

MATAR.

Mettre à la place celui-ci....

BELROC.

C'est cela.

MATAR.

Vingt-cinq louis bien comptés!

BELROC.

Tiens, reçois les d'avance.

MATAR

Non, non, lorsque l'affaire sera terminée.

BELROC.

Matar, si tu n'acceptes pas, je croirai que tu ne veux pas me servir.

MATAR.

Donne.... Le silence le plus absolu.

BELROC.

Sois en sûr.... A jamais. Tiens, prends ce registre, et allons ensemble.

MATAR *l'arrêtant.*

Eh non, l'on pourrait nous apercevoir!

BELROC.

Je puis compter sur toi?

MATAR *lui voulant prendre le registre et l'argent.*

En doutes-tu?

BELROC.

Non, non, me voilà bien rassuré.

MATAR.

Je te le conseille.

BELROC à part.

Oh, imprudent Célicourt! A présent je ne te crains plus, et je puis me présenter avec confiance devant celui qui nous jugera. (*Il va pour sortir.*)

MATAR.

Où vas-tu? Ne t'éloignes pas.

BELROC.

Je vais savoir ce qui se passe chez moi, et je reviens. (*A part.*) J'ai des inquiétudes sur ce Gervais. (*Il sort.*)

MATAR.

Je t'attends ici.... Voler d'une main, et corrompre de l'autre, c'est une manière sûre de s'enrichir.

SCÈNE V.

Me DORSAN, ERMANCE, NORTHON, MATAR.

Me DORSAN.

O vous, dont nous avons reçu tant de témoignages d'intérêt, daignez acquiescer à notre prière!

MATAR.

Que puis-je pour vous obliger, Madame?

Me DORSAN.

Me permettre d'entretenir un moment Célicourt.

MATAR.

'est-ce donc? Céli... court!

ERMANCE.

Un jeune homme qui vient d'être conduit ici.

Ah, j'y suis, j'y suis.

ERMANCE.

Il n'est pas coupable, je vous assure.

MATAR.

Cela se peut; mais il est écroué.

Me DORSAN.

Quelques instans de conversation avec lui nous seraient-ils interdits ?

ERMANCE.

Si vous le connaissiez !

MATAR.

Mon dieu, je vous crois ! Mais encore une fois, sans permission il est impossible de lui parler.

NORTHON.

Je vous l'avais bien dit. C'est une barre de fer que cet homme là..

MATAR *à Northon.*

Qu'est-ce que vous dites, vous ?

Me DORSAN.

Si je ne puis obtenir la grâce que j'implore, reste ici ; je reprends mes chaînes. Ma liberté serait odieuse, tant que la réputation de Célic souffrirait la plus légère atteinte.

ERMANCE.

Maman, je partage vos sentimens et votre résolu

Me DORSAN.

Est-il permis au moins de demander le nom celui qui l'accuse ?

MATAR.

Vous le connaissez de reste. C'est Belroc.

NORTHON.

Belroc! Ah, ma bonne maîtresse, tranquillisez-vous! Il ne m'en faut pas davantage, à moi, pour le croire innocent.

SCÈNE VI.
LES PRÉCÉDENS, AMBROISE.

AMBROISE.

V'là le Juge du tribunal qui entre ici.

Me DORSAN.

Oh, circonstance trop heureuse, ma fille! Il nous entendra, lui, j'espère. (*A Matar.*) Mais quel motif l'amène? Que vient-il faire ici?

MATAR.

Consoler, ou secourir quelques malheureux prisonniers, sans doute. Il ne fait que cela.

SCÈNE VII.
DANGREMONT, et les Précédens.

DANGREMONT *étonné*.

Comment se peut-il? (*Aux dames.*) Pourquoi donc, Madame, ne jouissez-vous pas de votre liberté, dont j'ai signé l'ordre avec une si douce satisfaction?

Me DORSAN.

Nous en jouissons en effet; mais Célicourt, notre ami le plus précieux et le plus cher, est dans les fers.

DANGREMONT.

Quoi, Célicourt!

Me DORSAN.

Demain il devait être l'époux de ma fille. Jugez de l'excès de sa douleur, en apprenant le jugement fatal.

DANGREMONT.

La loi parlait.

M.e DORSAN.

Je ne vous en fais aucun reproche, et respecte les motifs qui vous l'ont dicté.

DANGREMONT.

La sensibilité doit se taire, où parle la justice.

M.e DORSAN.

Que vos fonctions doivent être pénibles?

DANGREMONT.

Elles sont en même tems glorieuses, Madame, lorsque les lois dont un juge est l'organe, s'accordent avec celles de la nature et de l'humanité.... Je vois avec douleur la nouvelle peine que vous éprouvez.

M.e DORSAN.

Célicourt n'est capable d'aucune action malhonnête! Je puis répondre de la pureté de son ame; mais dans son désespoir, son inexpérience, sa vivacité peut-être l'auront entraîné à quelques démarches imprudentes, qui sans doute auront donné lieu à son emprisonnement.

DANGREMONT.

Quoi! Vous ne savez point ce dont on l'accuse?

M.e DORSAN.

Hélas, non! Venant de recouvrer ma liberté, comme par un miracle, je m'empresse de voler chez Célicourt, à qui je crois la devoir; l'être reconnaissant a besoin de contempler son bienfaiteur. Quel saisissement j'éprouve lorsque j'apprends chez lui qu'il est soupçonné de vol, arrêté et conduit dans cette prison! (*Avec horreur.*) Ah ciel, de vol! Non,

non, le soupçon ne peut l'atteindre. Il est incapable d'une action semblable; et nous accourons ici pour rompre ses chaînes, ou pour les partager.

DANGREMONT.

Honoré de votre choix, Madame, il doit en être digne; et le sort qu'il éprouve, n'est probablement que l'effet d'une méprise, ou d'une dénonciation calomnieuse.

M.e DORSAN.

Si je pouvais le voir, lui parler un moment, ce mystère serait bientôt éclairci. Veuillez m'en accorder la permission.

DANGREMONT.

Rien de plus juste. Matar, conduisez ces Dames.... (*Par réflexion.* Mais on pourrait l'amener ici, à moins que ma présence....

M.e DORSAN *à Matar.*

Ah, qu'il vienne ! Son cœur peut-il se troubler devant le protecteur de l'innocence. (*Matar sort.*)

SCÈNE VIII.

DANGREMONT, LES DAMES.

DANGREMONT.

Si sa faute est involontaire, peut-être est-il des circonstances qui peuvent l'atténuer, et la justice permet à tout accusé de les exposer pour sa défense.

M.e DORSAN.

Veuillez lui parler avec intérêt; il le mérite.

DANGREMONT.

Les accusés sont toujours mes amis, jusqu'au moment où je les ai trouvés coupables.

ERMANCE à sa mère.

Que sa position est pénible !

M.e DORSAN.

Il a du courage ; il saura la supporter.

SCÈNE IX.

MATAR, CELICOURT, les Précédens, ensuite, BELROC.

MATAR.

Voici l'accusé.

M.e DORSAN *allant à Célicourt.*

Venez, mon cher Célicourt ; ne craignez rien.

CELICOURT.

Ah, Madame ! Ma chère Ermance !

DANGREMONT.

Approchez, Célicourt.

BELROC *arrivant surpris, et à part.*

Quoi, tous ici rassemblés !

NORTHON *à Ermance.*

Du courage, M.lle ; ne pleurez pas ; regardez donc comme il est tranquille.

DANGREMONT *à Célicourt.*

De quoi vous accuse-t-on ?

BELROC *s'approchant avec audace.*

C'est moi qui l'accuse de s'être introduit dans ma maison ; d'en avoir enlevé un registre, avec lequel il s'est sauvé ; que mille témoins ont vu dans ses mains, et qu'on l'a forcé de déposer au greffe.

M.e DORSAN.

M.e DORSAN à part.

Ah, ciel!

DANGREMONT à Célicourt.

Convenez-vous du délit qu'il vous impute?

CELICOURT étonné de l'audace de Belroc.

Je ne puis nier que ce registre n'ait été en effet... pris... chez lui.

NORTHON.

Mais encore une fois, ne pleurez donc pas, il a les yeux sur vous.

ERMANCE sanglotant.

Ah, ma bonne!

DANGREMONT.

Quel motif a pu vous porter....

CELICOURT reprenant courage.

Ce registre est le livre de commerce de Dorsan; on l'a détourné lors de la levée des scellés, et il prouve par la date de sa quittance l'iniquité des poursuites exercées contre cette veuve infortunée.

BELROC.

Je réponds que c'est une calomnie; que ce registre n'est point celui qu'il réclame; qu'il n'a jamais appartenu à Dorsan; que, si l'on y découvre la preuve de cette quittance, je souscris d'avance à ma condamnation. (*A Matar.*) Je compte sur toi.

MATAR.

C'est dit.

DANGREMONT.

Que ce registre soit apporté. (*Matar sort.*)

M.e DORSAN à Célicourt.

Ah! mon ami, qu'avez-vous fait?

DANGREMONT.

Jeune homme, votre intention ne peut justifier votre conduite. Il n'est jamais permis de faire une action que les lois condamnent, fût-ce même pour dévoiler un crime. Le maintien de la tranquillité publique et des droits de la société veulent que cela soit ainsi. Si l'on tolerait un pareil désordre, qui ne sent pas que sous de vains prétextes, on pourrait tous les jours violer impunément l'asile des meilleurs citoyens, et le trouble, l'anarchie, la confusion en seraient la suite inévitable.

BELROC.

Assurément.

NORTHON *à part, et regardant Belroc.*

Ah, le fourbe !

SCÈNE X.

MATAR avec le registre, les Précédens.

Voila le livre demandé.

CELICOURT.

Prononcez mon arrêt, je m'y soumettrai sans murmure ; mais daignez auparavant porter les yeux sur ce registre qui prouve avec évidence, le payement fait par Dorsan des quarante mille francs.

BELROC.

C'est ce qu'il faut prouver.

Me DORSAN *à sa fille.*

Je frissonne.

DANGREMONT *qui a pris le registre.*

Non, dès que vous avouez l'avoir enlevé de chez lui, ce n'est pas ici le lieu de l'examiner.

BELROC.

Moi, je le demande; je ne veux point qu'il reste de soupçon sur mon compte. (*Il fait signe à Matar.*)

CELICOURT.

Qui peut lui donner tant d'audace!

MATAR.

Sans doute, il faut que la vérité se découvre.

DANGREMONT.

(*Le feuilletant, regarde Belroc et dit:*)

Mais.... c'est le livre de Dorsan.... Voilà la date de la quittance des quarante mille francs.

BELROC à *Matar*.

Matar, qu'as-tu fait?

MATAR.

(*Tirant le faux registre de dessous sa veste.*)

Mon devoir.... (*Allant au Juge.*) Voici le faux registre qu'il voulait substituer au véritable. (*Le jetant à terre avec l'argent.*) Et voilà ton argent; apprends qu'on peut le mépriser, quand il est le salaire du crime et de la persécution.

SCÈNE DERNIÈRE.

GERVAIS *accourant, les Précédens*.

GERVAIS.

Laissez moi, laissez moi parler au Juge.

BELROC.

Que vois-je, Gervais! Tout est découvert, fuyons.

DANGREMONT.

Assurez-vous de cet homme.

(*Matar et Ambroise le poursuivent.*)

[76]
CELICOURT.
Gervais, qu'allez-vous dire?

GERVAIS.
Ce que je ne puis plus contenir. Je n'ai plus rien à ménager, et romps toute association avec ce misérable. Non, non, je ne souffrirai pas que vous soyez ainsi sacrifié pour moi. Vénérable Juge, ce jeune homme est innocent de l'enlèvement du registre.

M.e DORSAN.
Justice du ciel! Ah, nous respirons!... (*Elle embrasse sa fille.*) Ma fille!

GERVAIS.
C'est moi qui le lui ai remis, en le priant de ne pas me nommer. Plutôt que de manquer à sa promesse, il se laissait soupçonner.

M.e DORSAN.
Sensible et courageux ami!....

GERVAIS.
Ah! s'il m'était encore resté quelques incertitudes, votre acte de générosité sublime les aurait bientôt fait cesser.

CELICOURT.
Que voulez-vous dire?

GERVAIS à *Célicourt*.
Quoi! après avoir, par respect pour les lois, condamné la veuve de Dorsan, venir à son secours; et pour la rendre à la liberté, payer pour elle les dix mille francs.

M.e DORSAN.
Quelle lumière, ma fille, mon ami! Tombons aux pieds de notre bienfaiteur.

DANGREMONT.
Que faites-vous, Mesdames? Je vous prie....

M.e DORSAN

Ne vous dérobez pas à nos transports ; et souffrez que nos cœurs jouissent du bonheur de vous exprimer toute leur reconnaissance.

DANGREMONT.

Ce faible service devait rester ignoré.

M.e DORSAN.

Il m'honore trop pour ne pas le publier hautement. La France entière apprendra par moi l'usage que vous faites de vos richesses, et partagera ma vénération pour vos vertus.

GERVAIS *au Juge.*

Permettez moi de vous remettre ces dix mille francs que je rougis d'avoir pu recevoir.

DANGREMONT *les prend, et dit à Gervais.*

Votre conduite mérite mon approbation....*A Matar.* Matar, prenez cette somme ; consacrée à la bienfaisance, je ne veux point en changer la destination ; vous la distribuerez avec sagesse aux prisonniers dans l'indigence. Je sais que je la remets en des mains sûres.

MATAR.

Vous pouvez vous en reposer sur moi.

M.e DORSAN.

(*Elle veut embrasser Célicourt, et se retient par respect.*)
Ah, mon cher Célicourt !

DANGREMONT *aux dames.*

Que je n'arrête pas les épanchemens de votre sensibilité.

M.* DORSAN.

(*Embrasse Célicourt, prend la main de sa fille, et dit :*)

Mon ami, je vous la donne.

NORTHON *allant à Célicourt, et l'embrassant.*

Et moi donc! je vous le disais bien que cette quittance se retrouverait.

DANGREMONT.

Cette journée a été bien orageuse pour vous, Mesdames. Allons, quittons ensemble ce séjour que vous n'auriez sans doute jamais dû connaître; mais dont vous pourrez vous retracer le souvenir sans amertume. Avec le témoignage d'une conscience pure, et l'estime des gens honnêtes, on supporte aisément les adversités passagères de la vie. Il n'y a que les remords qui rendent vraiment malheureux.

Fin du troisième et dernier Acte.

www.ingramcontent.com/pod-product-compliance
Lightning Source LLC
LaVergne TN
LVHW020959090426
835512LV00009B/1963